W0407545

Ravensburger Jahrbuch

Geschichten, Verse, Bilder,
Rätsel, Bastelideen und Lieder
für das ganze Jahr

RAVENSBURGER JAHRBUCH

Geschichten, Verse, Bilder,
Rätsel, Bastelideen und Lieder
für das ganze Jahr

Dieses Buch gehört:

Ravensburger Buchverlag

Inhalt

Frühling

Sechs lange Ohren im Gras 8
Ich bin das ganze Jahr vergnügt 10
Es war eine Mutter,
die hatte vier Kinder 11
Welche Tiere siehst du hier? 12
Wer schlüpft aus dem Ei? 14
Wer wächst im Bauch der Mutter? 15
Du bist nicht mehr meine Freundin! 16
Ostern ist da! 20
Der Hase Franz 22
Osternest mit Mooseiern 24
Das Wandern ist des Müllers Lust 27
Kleines Gartenrätsel 28
Auf dem Markt 30
Nur Mut, kleiner Lukas! 33

Sommer

Seifenblasen 36
Jetzt fahrn wir übern See 38
Wenn wir fahren auf dem See 39
Im Sommer 40
Piratenfloß 41
Schiffchen falten 42
Nicht verschlafen 44
Ferien-Rätselspaß 46
Ein Männlein steht im Walde 50
Summ, summ, summ 51
Entenküken 52
Bei der Feuerwehr 54
Alarm! 57
Wer küsst den kleinen Igel? 58

Herbst

Das Lied der Raben 64
Bunt sind schon die Wälder 66
Häschen in der Grube 67
Dido hat Geburtstag 68
Wer waren die Dinosaurier? 72
Wann und wo lebten die Dinosaurier? 73
Wie gefährlich waren die Fleischfresser? 74
Wie groß waren die Dinosaurier? 75
Basteln im Herbst 76
Was ist das? 78
Rate mit Leo Rätsellöwe 80
Mitten in der Nacht 84
Die Legende vom heiligen Martin 86
Ich geh mit meiner Laterne 89

Winter

Warum die Eisbären schwarze Nasen haben 92
Die Vögel warten im Winter vor dem Fenster 94
Der Zottelhund 96
Die Legende vom heiligen Nikolaus 101
Sankt Nikolaus ist hier 102
Morgen kommt der Weihnachtsmann 103
Herr Nikolas 104
Wenn's schneit 105
Spiele mit Nüssen 106
Wir basteln Christbaumschmuck 107
Der kleine Biber feiert Weihnachten 108
Schneeflöckchen, Weißröckchen 114
Leise rieselt der Schnee 115
Alle Jahre wieder 116
Oh du fröhliche 117
Jesus wird geboren 118

FRÜHLING

Alle Vögel sind schon da,
alle Vögel, alle!
Welch ein Singen, Musiziern,
Pfeifen, Zwitschern, Tiriliern,
Frühling will nun einmarschiern,
kommt mit Sang und Schalle.

(Heinrich Hoffmann von Fallersleben)

Sechs lange Ohren im Gras

Was spitzt da übers hohe Gras?
Zwei lange Ohren, sind schon verschwunden!
Tauchen wieder auf, sausen los, als hätten sie flinke Beine,
sind plötzlich vier, nein sechs wirbelige spitze Ohren im grünen Gras.
Aber wem gehören sie?
Kreuz und quer, hin und her geht die wilde Jagd der langen Ohren.
Dann ist es still im grünen Gras.
Plötzlich schnellt etwas hoch in die Luft, braun-weiß und zappelnd.
Schon wieder und noch einmal springt etwas hoch übers Gras.
Hat mit den Läufen gerudert und mit dem Stummelschwanz gewackelt!
Dann springen und purzeln und jagen mit ihren sechs langen
Ohren drei kleine braun-weiße Kerle durchs Gras.
Aber wie heißen sie nur?

Ich bin das ganze Jahr vergnügt

Text: nach Christian Friedrich Schubart (1739–1791)
Melodie: Volkslied

1. Ich bin das ganze Jahr vergnügt;
im Frühling wird das Feld gepflügt.
Dann steigt die Lerche hoch empor
und singt ihr frohes Lied mir vor.

2. Und kommt die liebe Sommerzeit;
wie hoch ist da mein Herz erfreut,
wenn ich vor meinem Acker steh
und so viel tausend Ähren seh!

3. Rückt endlich Erntezeit heran,
dann muss die blanke Sense dran;
dann zieh ich in das Feld hinaus
und schneid und fahr die Frucht nach Haus.

4. Im Herbst schau ich die Bäume an,
seh Äpfel, Birnen, Pflaumen dran.
Und sind sie reif, so schüttl ich sie.
So lohnet Gott des Menschen Müh'!

5. Und kommt die kalte Winterszeit,
dann ist mein Häuschen überschneit;
das ganze Feld ist kreideweiß
und auf der Wiese nichts als Eis.

6. So geht's jahraus, jahrein mit mir;
ich danke meinem Gott dafür
und habe immer frohen Mut
und denke: Gott macht alles gut.

Es war eine Mutter, die hatte vier Kinder

Text und Melodie: Volkslied aus Baden und der Pfalz

1. Es war eine Mutter, die hatte vier Kinder,
   den Frühling, den Sommer, den Herbst und den Winter.

2. Der Frühling bringt Blumen, der Sommer den Klee,
   der Herbst, der bringt Trauben, der Winter den Schnee.

3. Und wie sie sich schwingen im Jahresreihn,
   so tanzen und singen wir fröhlich darein.

Welche Tiere siehst du hier?

Alle Tiere der Erde leben auf
ganz verschiedene Weise.
Entdeckst du die Ente im Schilf?
Was macht der Specht
am Baumstamm?
Wer schleicht durchs hohe Gras?
Wohin hoppelt das Kaninchen?

Wer schlüpft aus dem Ei?

Viele Tierkinder schlüpfen aus Eiern. Die Vögel bauen ein Nest und brüten die Eier aus, indem sie sie mit ihrem Körper wärmen.

Im Ei wächst das Vogelkind. Wenn es groß genug ist, zerbricht es von innen die Schale und schlüpft aus. Dann sind die Eltern den ganzen Tag unterwegs, um Futter zu suchen.

Frösche legen viele durchsichtige Eier, den Laich. Auch Froscheier brauchen Wärme. Durch die Sonne entwickeln sich aus ihnen die Kaulquappen. In wenigen Wochen verwandeln sie sich zu kleinen Fröschen. Kannst du sie schon erkennen?

Wer wächst im Bauch der Mutter?

Kennst du die Tiere,
die im Bauch der
Mutter heranwachsen –
so wie Menschenkinder?
Wenn sie geboren sind,
trinken sie bei ihr Milch.
Weil sie gesäugt werden,
nennt man sie Säugetiere.

Zuerst sind die Kinder im Bauch der Mutter ganz winzig. Es ist dort wohlig warm und sie bekommen über die Nabelschnüre alles, was sie zum Wachsen brauchen. Sie bleiben so lange im Bauch der Mutter, bis sie groß und stark genug sind, um geboren zu werden.

Du bist nicht mehr meine Freundin!

Gerade kocht sich Mama in der Küche einen Tee. Sie ist ganz allein. Papa ist noch schnell zum Einkaufen gefahren, Simon ist mit dem Fahrrad unterwegs und Lisa, die Jüngste, spielt bei ihrer allerbesten Freundin Paula. Plötzlich hört Mama auf der Treppe ein lautes Stampfen. Was mag das sein? Kurz darauf klingelt es Sturm. Es hört sich an, als ob jemand den Klingelknopf mit der Faust bearbeiten würde.
Schnell öffnet Mama die Tür. Und wer steht draußen mit vor Wut blitzenden Augen, die geballten Fäuste tief in die Hosentaschen gebohrt? Lisa!
„Nie mehr!“, brüllt Lisa und stampft wütend an Mama vorbei.
„Nie mehr ist Paula meine beste Freundin!“
„Was ist denn passiert?“, fragt Mama erschrocken. Aber Lisa schmeißt nur ihren Rucksack in die Ecke. Und zwar so heftig, dass Frau Susemihl herausfliegt.
„He, die Puppe kann doch nichts dafür!“, sagt Mama und hebt Frau Susemihl hoch, die kopfüber in Papas Gummistiefel gelandet ist.
„Mir doch egal!“, knurrt Lisa und schleudert in hohem Bogen ihre Schuhe von sich.
„Was ist denn los, Lisa?“, fragt Mama noch einmal und klaubt einen Schuh aus dem Schirmständer.
Lisa antwortet nicht und rennt noch im Anorak wütend in ihr Zimmer. Sie schmeißt sich aufs Bett und trommelt mit den Fäusten auf die Matratze. Mama setzt sich auf die Bettkante und streichelt Lisa vorsichtig übers Haar.
„Lass mich in Ruhe!“, brüllt Lisa.
„Na, dann beruhig dich erst mal“, seufzt Mama und geht zurück in die Küche.
An der Tür dreht sie sich noch einmal um.
„Falls du Durst hast, es gibt Früchtetee und Kekse.“
Aber von Lisa kommt kein Mucks. Ratlos zuckt Mama mit den Schultern.
Nachdem sie ihren Tee getrunken, die Zeitung gelesen und schnell noch eine Waschmaschine mit Wäsche gefüllt hat, schaut Mama noch mal nach Lisa. Die liegt immer noch genauso auf dem Bett wie vorhin.
„Willst du nicht wenigstens deinen Anorak ausziehen, Lisa?“
„Lass mich in Ruhe“, brummt Lisa.

In dem Moment dreht sich ein Schlüssel im Schloss der Wohnungstür.
„Hallo, ihr Lieben, ich bin wieder da!", ruft Papa fröhlich und wuchtet die schwere Kiste mit den Einkäufen in den Flur. Er drückt Mama einen schnellen Kuss auf die Backe.
„Ich hab Paulas Eltern im Supermarkt getroffen. Wir sind am Sonntag zum Kaffee eingeladen", erzählt er, während er seine Jacke an den Haken hängt.
„UUUUUAAAAAAH!", brüllt Lisa, die jetzt senkrecht auf dem Bett sitzt.
„Was ist denn los?", fragt Papa verständnislos.
„Lisa und Paula haben sich gestritten", erklärt Mama. „Das wird schon wieder."
„Nie mehr!", schreit Lisa.
„Nie mehr ist Paula meine Freundin. Und ihr seid alle blöd!", fügt sie schluchzend hinzu.

„Hehehe, nun mal langsam", sagt Papa.
„Was ist denn so Schreckliches passiert?"
Er geht ins Kinderzimmer und setzt sich zu Lisa aufs Bett.
„Was ist denn passiert, dass sich Schneeweißchen und Rosenrot so entzweit haben?", fragt er mit einem kleinen Schmunzeln.
Schneeweißchen und Rosenrot, das sagt er immer, weil Lisa im letzten Winter eine weiße Mütze hatte und Paula eine rosenrote. Sonst findet Lisa das immer lustig.
Aber heute kann sie gar nicht darüber lachen.

„Lass mich in Ruhe!“, heult sie laut, nimmt den Teddy, der ihr am nächsten sitzt, und pfeffert ihn gegen den Schrank. Alle anderen Kuscheltiere fliegen hinterher. Sogar Knuddl Hase, den Lisa am allermeisten liebt, schmeißt sie quer durchs Zimmer.
„Willst du uns nicht erzählen, was los ist?“, versucht Papa es noch einmal.
Aber Lisa guckt nur finster vor sich hin.
Kurz vor dem Abendessen kommt Simon nach Hause.

„Mir doch egal“, brummt Lisa.
„Cool! Dann kann ich ja deine Portion mitessen“, grinst Simon.
„Mir doch egal!“, brummt Lisa.
„Was ist denn los? Du machst ja ein Gesicht wie 'ne Gewitterziege.“
„Lass mich in Ruhe!“, schreit Lisa und streckt ihrem Bruder die Zunge heraus.
„Gewitterziege, Gewitterziege!“, singt Simon und schneidet dazu seine verrücktesten Grimassen.

„Mensch, hab ich einen Bärenhunger!“, ruft er schon an der Tür und streift seine dreckigen Stiefel ab.
„Was gibt es denn?“, fragt er und kommt schnuppernd in die Küche.
„Speckpfannkuchen und Salat“, sagt Papa.
„Aber geh erst mal zum Pfotenwaschen. Du siehst ja aus, als hättest du dich mit den Händen bis China durchgebuddelt.“
„Essen ist fertig!“, ruft Mama.
„Hab keinen Hunger!“, ruft Lisa.
„He, es gibt aber dein absolutes Lieblingsessen“, sagt Simon, als er vom Bad zurückkommt.

„Komm, lass sie zufrieden“, sagt Mama und legt ihren Arm um Simon.
„Sie hatte einen schlimmen Streit mit ihrer Freundin. Deshalb ist sie so schlecht gelaunt.“
„Paula ist nicht mehr meine Freundin!“, ruft Lisa und Tränen der Wut laufen ihr über die Backen.
„Mach dir nichts draus“, versucht Simon zu trösten. „Der Lukas war auch schon ein paarmal nicht mehr mein Freund.“
„Aber Paula ist nie, nie, nie mehr meine Freundin!“, weint Lisa.
Und da weiß Simon auch nicht mehr weiter.

Die Speckpfannkuchen duften zwar sehr lecker, aber Lisa rührt keinen Bissen an. Auch nicht vom Salat, obwohl ihn Mama extra mit Mais gemacht hat.
Nach dem Essen, Lisa hat inzwischen missmutig ihren Schlafanzug angezogen, klingelt das Telefon.
„Ist für Lisa!", ruft Simon und reicht seiner Schwester das Telefon.
„Ja?", sagt Lisa. „Hmm! Okay! Bis dann!" – „Das war Paula!", sagt Lisa, als sie in die Küche gehopst kommt. „Sie holt mich morgen zum Baden ab. Gibt's noch Pfannkuchen? Jetzt hab ich irgendwie doch Hunger."
„Das verstehe, wer will", seufzt Simon. Lisa verputzt drei Pfannkuchen und jede Menge Salat.

Nach dem Zähneputzen reiht sie alle ihre Kuscheltiere wieder fein säuberlich auf ihrem Bett auf. Knuddl Hase kriegt einen Schmatz und den Ehrenplatz auf dem Kopfkissen direkt neben Frau Susemihl.
Als Papa und Mama zum Gutenachtsagen kommen, wollen sie natürlich wissen, was eigentlich los war. Warum Lisa denn erst so wütend war und jetzt doch wieder mit Paula zum Baden gehen will.
„Worüber habt ihr euch denn so fürchterlich gestritten?"
„So halt!", sagt Lisa und kuschelt sich tief in ihre Decke.
Und damit müssen sich Papa und Mama wohl zufrieden geben.

Ostern ist da!

Eierköpfe

Du brauchst: Eier, etwas Erde, Grassamen, leere Klorollen und etwas Geduld.

1 Die Eier vorsichtig aufschlagen und den Inhalt in eine Schüssel geben (später zu Rührei verbrauchen!), die Schalenhälften gut ausspülen und trocknen lassen.

2 Erde in die Schalen füllen, Grassamen hineinstreuen, mit einer dünnen Erdschicht bedecken. Die Eihälften in einen Eierbecher stecken und an einen sonnigen Platz stellen und gießen, bis …

3 … ein solcher Graskopf entstanden ist. Diesen Kopf steckst du dann auf eine bemalte Klorolle.

Hase oder Henne

Zu Ostern kommt der Osterhase und bringt die schönsten Ostereier. Ob er sie auch selber gelegt hat, wie manchmal behauptet wird? Da lachen ja die Hühner! Denn die Hennen sind es, die im Frühling zur Osterzeit fleißig Eier legen. Die holt sich der Osterhase, bemalt sie schön bunt und trägt sie in seiner Kiepe zu den Kindern.

Eins, zwei, drei, vier, fünf,
sechs, sieben, acht, neun,
geh ins Gässchen rein,
im Gässchen ist ein Haus,
am Haus ist ein Garten,
im Garten ist ein Baum,
auf 'm Baum ist ein Nest,
im Nest ist ein Ei,
im Ei ist ein Dotter,
im Dotter ist ein Has' –
der springt dir auf die Nas'!

Achtung!
Im April Blumensamen in Blumentöpfen aussäen!

Was ist das?

Sieht wie ein gelbes Bällchen aus
und wohnt in einem weißen Haus,
das hat nicht Tür, nicht Fensterlein.
Da drinnen muss es dunkel sein.
Und will das Piepsebällchen raus,
dann hackt es erst entzwei sein Haus.

(Küken im Ei)

Der Hase Franz

Dieser Hase heißt Franz Meier
Ostern malt er bunte . . .
Nachts, da schläft er tief und fest,
in einem warmen Kuschelnest.
Mit den ersten Snnenstrahlen,
fängt Franz Meier an zu malen.
Eier,  und ,
manchmal hilft ihm seine Frau.
Spät am Abend legt Franz Meier,
seine schönen bunten ,
in ein Nest aus grünem Gras ,
das macht vielen Kindern Spaß.
Und findest du ein buntes ,
war sicher eins vom Franz dabei.

Maler Franz

Du brauchst: Modelliermasse, die an der Luft trocknet, Wasser, Farben, Pinsel, Eier, Streichhölzer, eine Schüssel mit Wasser.

So wird's gemacht: In einer Schüssel die Knetmasse kneten! Dann mit der weichen Masse die Körperteile des Hasen formen und an der Luft trocknen lassen.
Die Körperteile mit Klebstoff zusammenkleben!
Zum Schluss den Hasen anmalen!

Das Osterhasenfingerspiel

Fünf Männlein sind in den Wald gegangen,
die wollten den Osterhasen fangen.
Der Erste, der war so dick wie ein Fass,
der brummte immer: „Wo ist der Has'?"
Der Zweite sagte: „Da sitzt er ja!"
Der Dritte, der Lange, dem wurde gar bange
und er fing an zu weinen: „Ich sehe keinen!"
Der Vierte, der sagte: „Das ist mir zu dumm,
ich kehr wieder um!"
Der Kleinste aber, wer hätt's gedacht,
der hat den Hasen nach Haus gebracht!

Osternest mit Mooseiern

Wer dieses Osternest finden möchte, muss nur seiner Nase folgen. Die Mooseier liegen nämlich inmitten von herrlich duftenden Küchenkräutern.

Du brauchst:
Drahtnetz, frisches Moos, Klebeband, Schnur, Schere, Thymian, Lorbeer, Lavendel, Stroh, Deko-Bänder, ausgeblasene Eier.

Osternest

1 Forme aus dem Netz ein rundes Nest. Biege Drahtspitzen um, damit du dich nicht verletzt.

2 Stecke Thymian-, Rosmarin-, Lorbeer- und Lavendelzweige innen und außen in das Netz.

Mit den Küchenkräutern Thymian, Lorbeer und Rosmarin bastelst du ein duftendes Nest.

Bastle ein Duftei für deinen Schrank. Stecke dazu Lavendelzweige in das Moos – sie halten Motten fern.

Moosei

1 Wasche das Ei vorsichtig aus und lasse es gut trocknen. Klebe das Ende der Schnur mit Klebestreifen auf dem Ei fest.

2 Umhülle das Ei dick mit Moos. Die Schale darf an keiner Stelle durch das Moos leuchten. Nur die Schnur sollte noch herausragen.

3 Wickle die Schnur um das Ei, ziehe sie aber nicht zu fest. Mache einen Knoten und schneide die Schnur ab. Verstecke das Schnurende im Moos.

4 Knote ein Deko-Band um das Ei und lege eine Schleife. Nun kommt das Ei in sein Nest aus duftenden Kräutern.

Das Wandern ist des Müllers Lust

Text: Wilhelm Müller (1794–1827)
Melodie: Carl Friedrich Zöllner (1800–1860)

1. Das Wandern ist des Müllers Lust,
   das Wandern ist des Müllers Lust, das Wandern.
   Das muss ein schlechter Müller sein,
   dem niemals fiel das Wandern ein,
   dem niemals fiel das Wandern ein, das Wandern.

2. Vom Wasser haben wir's gelernt,
   vom Wasser haben wir's gelernt, vom Wasser:
   Das hat nicht Rast bei Tag und Nacht,
   ist stets auf Wanderschaft bedacht,
   ist stets auf Wanderschaft bedacht, das Wasser.

3. Das sehn wir auch den Rädern ab,
   das sehn wir auch den Rädern ab, den Rädern:
   Die gar nicht gerne stille stehn,
   die sich bei Tag nicht müde drehn,
   die sich bei Tag nicht müde drehn, die Räder.

4. Die Steine selbst, so schwer sie sind,
   die Steine selbst, so schwer sie sind, die Steine:
   Sie tanzen mit den muntern Reihn,
   und wollen gar noch schneller sein,
   und wollen gar noch schneller sein, die Steine.

5. Oh Wandern, wandern, meine Lust,
   oh wandern, wandern, meine Lust, oh wandern!
   Herr Meister und Frau Meisterin,
   lasst mich in Frieden weiterziehn,
   lasst mich in Frieden weiterziehn und wandern!

Kleines Gartenrätsel

Florian soll 6 Karotten, 3 Stangen Lauch und 3 Radieschen sammeln.
Wie muss er laufen, wenn er alle Maulwürfe umgehen soll?
Wie viele Auberginen siehst du auf dem ganzen Bild?

Auf dem Markt

Oho, wie viele Mäuse sind denn da zu Besuch bei Frau Muh?
Welche 5 Sachen gehören außerdem nicht an einen Käsestand?
Unten siehst du 6 Umrisse. Welcher Gegenstand ist nicht am Stand zu finden?

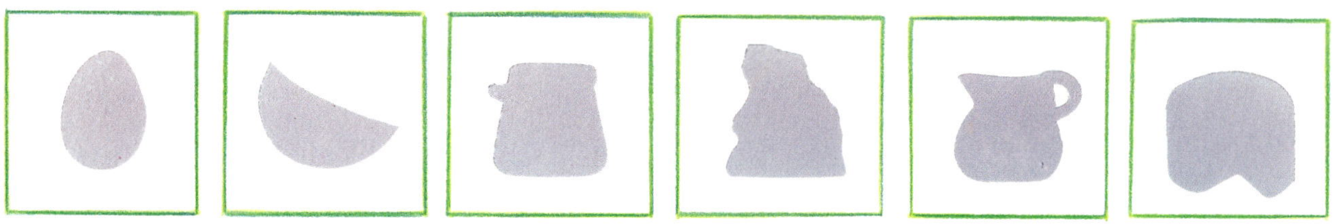

Unten fehlen 7 Sachen!
Wenn du die 3 oberen Regale mit den 3 unteren Regalen vergleichst, weißt du auch, was der Bäcker schon verkauft hat.

Nur Mut, kleiner Lukas!

Lukas ist fünf Jahre alt und kann
schon Rad fahren. Aber nur
mit Stützrädern. Zweimal hat er
es ohne probiert und zweimal
ist er gestürzt. Trotzdem will er
es heute noch mal probieren.
Also schraubt Papa die Stützräder wieder ab.
Dann geht's los!
„Du musst mich aber gut festhalten“, sagt Lukas.
„Klar doch.“ Papa hält das Rad am Gepäckträger fest.
Lukas steigt auf. „Nicht loslassen!“
„Ja doch“, brummt Papa. „Nun fahr schon.“
Lukas beginnt zu treten. Ganz langsam.
Dabei schielt er nach hinten, ob Papa noch da ist.
„Du musst nach vorne schauen und treten“, sagt Papa.
Lukas tritt und Papa trabt nebenher.
Lukas tritt schneller und Papa muss laufen.
„Nicht loslassen!“, ruft Lukas.
Papa kann nicht mehr antworten, weil er völlig außer Atem ist.
Er kann auch nicht so schnell rennen, wie Lukas nun fährt.
„Nicht loslassen!“, ruft Lukas wieder.
Er hat noch gar nicht gemerkt, dass er längst alleine fährt.

SOMMER

Im Sommer, im Sommer,
da ist die schönste Zeit,
da singen und springen
die Kinder weit und breit.

Seifenblasen

Barbara blies Seifenblasen.
Schillernd schwebten sie durch die Luft und das Mädchen hatte seine Freude daran.
Plötzlich dachte es: Wenn ich doch auch so dahinfliegen könnte!
Über die Dächer und Bäume, hinauf bis zu den Wolken.
Der Wind würde mich tragen, immer weiter, weiter, was könnte ich da alles sehen! Die Riesen in den wilden Bergen, die Räuber und Hexen in den finsteren Wäldern und die Wassergeister in den dunklen Gewässern. Und alle wären sie so klein wie die Sachen aus meiner Spielzeugkiste!
Sehnsüchtig schaute Barbara den aufleuchtenden Seifenblasen nach. Doch dann machte sie sich gar nichts daraus, dass sie schon nach kurzem Flug zergingen.

Jetzt fahrn wir übern See

Text und Melodie: Volkslied

1. Jetzt fahrn wir übern See, übern See, jetzt fahrn wir übern –
   jetzt fahrn wir übern See, übern See, jetzt fahrn wir übern See
   mit einer hölzern Wurzel, Wurzel, Wurzel, Wurzel,
   mit einer hölzern Wurzel, kein Ruder war nicht –
   mit einer hölzern Wurzel, Wurzel, Wurzel, Wurzel,
   mit einer hölzern Wurzel, kein Ruder war nicht dran.

2. Und als wir drüber warn, drüber warn, und als wir drüber – … warn,
   da sangen alle Vöglein, Vöglein, Vöglein, Vöglein,
   da sangen alle Vöglein, der helle Tag brach – … an.

3. Der Jäger rief: „Ins Horn!", rief: „Ins Horn!" Der Jäger rief: „Ins – … Horn!"
   Da bliesen Jäger, Jäger, Jäger, Jäger,
   da bliesen alle Jäger, ein jeder in sein – … Horn.

4. Das Liedlein, das ist aus, das ist aus, das Liedlein, das ist – … aus.
   Und wer das Lied nicht singen kann, singen, singen, singen kann,
   und wer das Lied nicht singen kann, der fang's von vorne – … an.

Wenn wir fahren auf dem See

Text und Melodie: Volkslied aus Niedersachsen

Wenn wir fahren auf dem See,
wo die Fischlein schwimmen,
freuet sich mein ganzes Herz,
oh so lasst uns singen!
Rola, rola, wir sind hier,
der Goldfisch, der Goldfisch,
der folge mir!

Im Sommer

Der Wind bläst mir durchs Hemd.
Das ist egal,
das macht mir nichts.
Es ist ein warmer Sommerwind,
der bläst mir da durchs Hemd.

Es regnet auf mein Haar.
Das ist egal,
das macht mir nichts.
Es ist ein Sommer-Regenguss,
der regnet auf mein Haar.

Ich habe Sand im Schuh.
Das ist egal,
das macht mir nichts.
Der Sand fällt vorne in den Schuh
und hinten wieder raus.

Spiele im Sand

Sammle ein paar Steine und versuche, Figuren, Buchstaben oder deinen Namen daraus zu legen.

Mit dünnen Ästen und Steinen kannst du Stein-Stock-Männchen in den Sand legen.

Piratenfloß

Du brauchst: ein großes Stück Baumrinde, Holzstäbchen, Stoffreste, Korken, Wattekügelchen, Schnur, Buntpapier, Klebstoff.

So wird's gemacht:

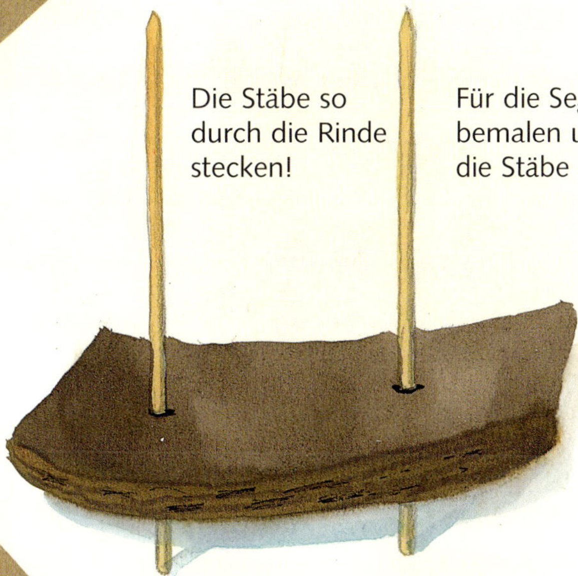

Die Stäbe so durch die Rinde stecken!

Für die Segel Stoff bemalen und zwischen die Stäbe stecken!

Wattekugel auf einen Korken stecken!

Korken mit Stoffresten oder Filz bekleben!

Aus leeren Klopapierrollen und Schachteln kannst du den Piraten auch noch eine Burg basteln. Die kannst du dann auf einer Insel aus Sand oder am Rand einer Pfütze aufstellen. Je nachdem, wo du mit deinen Piraten spielen möchtest.

Schiffchen falten

Was falten, falten, falten wir?
Lauter Schiffchen aus Papier.
Kommt der Wind, bläst sie fort,
mit den ganzen Kindern drin
schwimmen sie wer weiß wohin.

Christa Wißkirchen

Du kannst große, kleine, bunte Schiffe falten – alles, was du brauchst, ist Papier und etwas Geduld beim Falten.

So kannst du die Schiffchen falten:

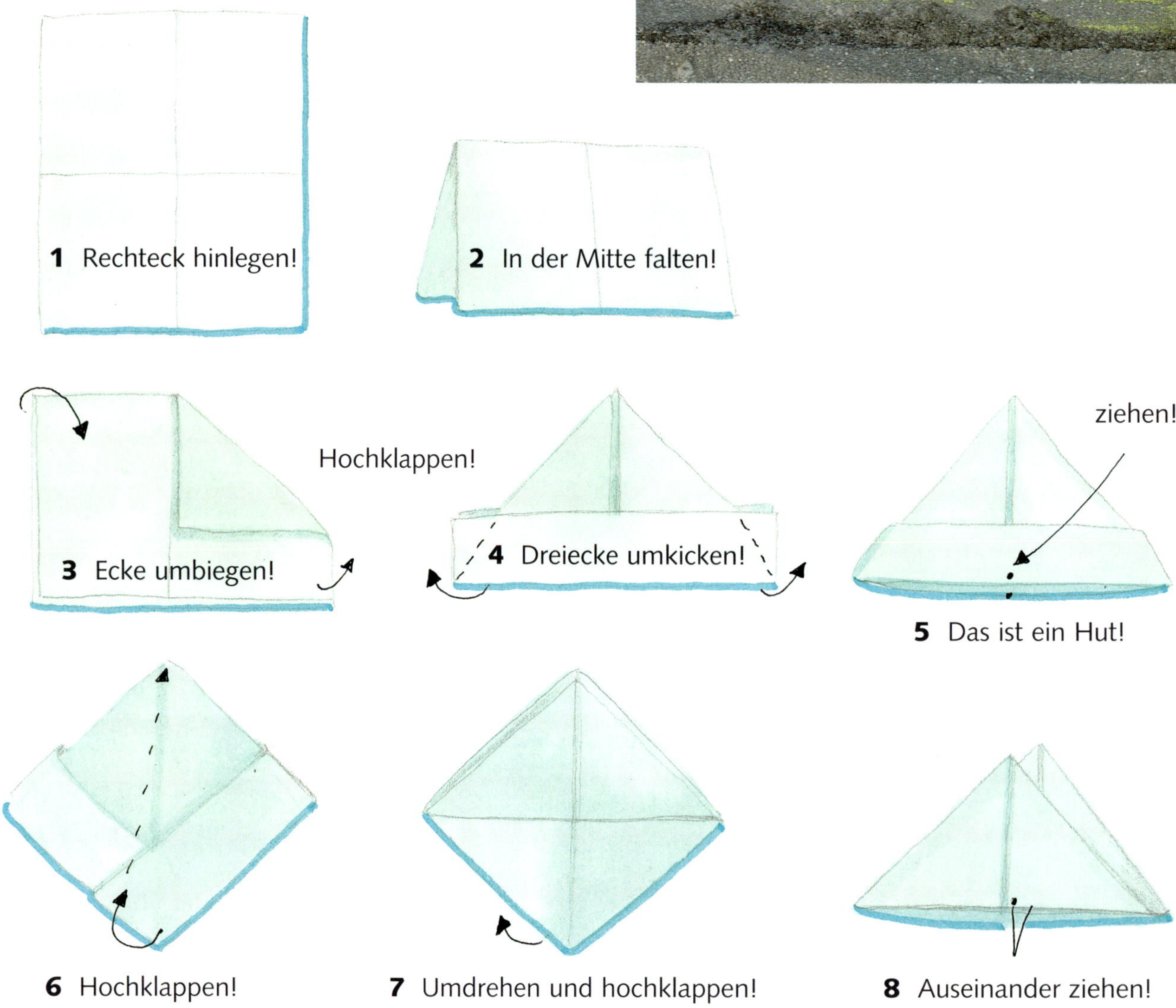

Nicht verschlafen

Nach einer verregneten Woche strahlt am Samstagmorgen wieder die Sonne. Julia ist als Erste wach, läuft zu ihren Eltern und zieht beiden die Decke weg. „Aufstehen, die Sonne scheint schon ganz toll!" Mama blinzelt, reibt sich die Augen und murmelt: „Julia hat Recht, so einen schönen Tag sollte man nicht verschlafen."
„Mir wär's lieber, es würde regnen", grummelt Papa, „weil ich so viel Arbeit auf dem Schreibtisch liegen habe."
„Heute darfst du aber nicht arbeiten", sagt Julia sofort. „Heute musst du mit uns etwas machen." Sie kitzelt ihn an den Füßen.

„Iiiii!“, ruft Papa und zieht die Beine an.
Julia springt auf Papas Bett und setzt sich auf ihn.
„Versprich mir, dass du heute nicht arbeitest!“
„Aber Mausilein …“
„Kein aber“, sagt Mama und setzt sich hinter Julia auf Papas Bauch.
„Versprich es, sonst lassen wir dich nicht aufstehen!
Dann kannst du auch nicht arbeiten.“
„Also gut, ich ergebe mich“, seufzt Papa. „Gegen euch zwei habe ich ja keine Chance. Wir machen uns heute einen schönen Tag.“
„Juhu!“, jubelt Julia und strahlt wie die Sonne.

Ferien-Rätselspaß

Welche Schwimmtiere haben die Kinder mit ins Schwimmbad genommen?

Welches Kind fehlt auf dem Erinnerungsfoto vom Ferientag am Fluss?

Beim Spielen entdecken die Kinder Picknick-Reste. Wo im Wald liegt noch mehr Abfall, den sie nicht entdeckt haben?

Ein Männlein steht im Walde

Text: Heinrich Hoffmann v. Fallersleben (1798–1874)
Melodie: Volkslied vom Niederrhein

1. Ein Männlein steht im Walde ganz still und stumm.
   Es hat von lauter Purpur ein Mäntlein um.
   Sagt, wer mag das Männlein sein, das da steht im Wald allein
   mit dem purpurroten Mäntelein?

2. Das Männlein steht im Walde auf einem Bein
   und hat auf seinem Haupte schwarz' Käpplein klein.
   Sagt, wer mag das Männlein sein, das da steht im Wald allein
   mit dem kleinen schwarzen Käppelein?

Summm, summ, summ

Text: Heinrich Hoffmann v. Fallersleben (1798–1874)
Melodie: Volkslied aus Böhmen

1. Summ, summ, summ, Bienchen, summ herum!
Ei, wir tun dir nichts zu Leide,
flieg nur aus in Wald und Heide!
Summ, summ, summ, Bienchen, summ herum!

2. Summ, summ, summ, Bienchen, summ herum!
Such in Blumen, such in Blümchen,
dir ein Tröpfchen, dir ein Krümchen!
Summ, summ, summ, Bienchen, summ herum!

3. Summ, summ, summ, Bienchen, summ herum!
Kehre heim mit reicher Habe,
bau uns manche volle Wabe!
Summ, summ, summ, Bienchen, summ herum!

Entenküken

Ganz versteckt am Ufer baut sich die Ente ihr Nest. Sie polstert es mit Gras und Halmen. Dann brütet sie ihre Eier aus. Eines Tages ist es so weit: Ein Entchen nach dem anderen hackt von innen die Schale auf und klettert aus dem Ei. Die kleinen Küken können schon nach einigen Tagen schwimmen. Die Eltern führen sie und zeigen ihnen, wo es etwas zu fressen gibt.

Bei der Feuerwehr

Sarah und Fabian besichtigen die Feuerwache der Berufsfeuerwehr. Sie sehen sich in der Fahrzeughalle um. Hier stehen die verschiedenen Einsatzfahrzeuge.

Diese Geräte kann man in einem Löschwagen finden:

1 Standrohr für Unterflurhydranten
2 Elektrotauchpumpe
3 Schublade mit zwei Chemieschutzanzügen
4 Motortrennschleifer und Motorkettensäge
5 Hochleistungslüfter
6 Feuerwehraxt
7 Zwei Vorschlaghämmer
8 Drei Holzäxte
9 Verkehrsleitkegel
10 Tasche mit Rollgliss und Abseilgerät
11 Schlauchtragekorb
12 verpackter Leiterauftritt
13 Gummistiefel
14 Tasche mit Hitzeschutzanzügen
15 Bindestränge
16 verpackte Arbeitsleinen
17 Sprungretter
18 Verteiler
19 Strahlrohre
20 Rollschläuche
21 Steckdosen

Die Brandfluchthaube schützt vor Rauch und gefährlichen Gasen.

Mit dem Hitzeschutzanzug kann man dicht ans Feuer herangehen.

Vom wendigen und schnellen Einsatzleitwagen aus werden die Einsätze geleitet. Dieser Wagen ist immer als Erster an der Unfallstelle. Im Wagen gibt es Karten, Telefon, Funk- und Faxgeräte, einen Computer, Gasmessgeräte und einen Strahlenschutz-Messkasten.

Mit dieser Drehleiter kann man auch unter niedrigen Brücken durchfahren. Das Fahrzeug wird bei der Menschenrettung eingesetzt.

Ein Rüstwagen ist eine fahrende Werkstatt. Drei Mann Besatzung kümmern sich am Einsatzort um technische Probleme.

Mit Kranwagen kann man bei Unfällen auf der Straße sogar verunglückte Lastwagen wieder aufrichten.

Der Aufbau dieses Wechselladers kann ausgetauscht werden. Mal hat er ein Büro geladen, mal einen Spezialaufbau für Gefahrguteinsätze.

Bleib ruhig, wenn du das Haus nicht mehr verlassen kannst, zieh dich in einen nicht brennenden Raum zurück, schließ die Tür und mach dich am geschlossenen Fenster bemerkbar.

Der Stoß- oder Angriffstrupp einer Löschgruppe greift in der Regel als erster Trupp das Feuer an und rettet Menschen. Der Wassertrupp legt die Wasserversorgung und wird danach zum Angriffstrupp. Mit der Haspel lässt sich der Schlauch schnell entrollen. Der Schlauchtrupp verlegt die Angriffsleitungen für den Stoß- und Wassertrupp und wird dann zum dritten Angriffstrupp.

Innerhalb von 30 Sekunden ist der Sprungretter aufgebaut.

Neben Rauchvergiftungen kommen auch Brandverletzungen oft vor.

Alarm!

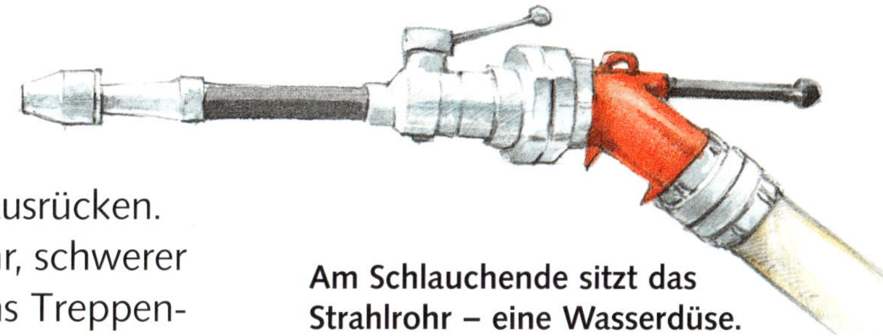

Der Löschzug muss zu einem Wohnungsbrand ausrücken. Aus einem Fenster dringt dunkler Rauch. „C-Rohr, schwerer Atemschutz", befiehlt der Zugführer und rennt ins Treppenhaus, um die Lage zu erkunden. Eine Frau versucht verzweifelt in die brennende Wohnung zu gelangen. „Meine Tochter ist da drinnen", schreit sie. Schon kommt der Stoßtrupp mit Pressluftatmern und einem Strahlrohr. Die Männer dringen in die Wohnung ein und retten das Mädchen. Zum Glück hat es keine schwere Rauchvergiftung, denn es hatte sich auf den Boden gelegt.

Am Schlauchende sitzt das Strahlrohr – eine Wasserdüse. Es muss von zwei Männern gehalten werden. Bis zu 800 Liter Wasser pro Minute können ausströmen.

Leitkegel zur Verkehrssicherung

Die Lichter dieser Verkehrssicherheitsleuchte blitzen im Wechsel auf und warnen so die Verkehrsteilnehmer.

Der Fahrer der Drehleiter fährt zuerst die Stützen aus, damit der Wagen sicher steht.

Hydranten sind Wasseranschlüsse für die Schläuche.

Wer küsst den kleinen Igel?

Es ist nicht zu übersehen: Paulchen Igel hat sich verändert. Früher ist er immer fröhlich gewesen. Er hat Witze erzählt und die anderen Tiere mit seiner guten Laune aufgemuntert. Eine richtige Stimmungskanone! Deswegen ist er bei den anderen Tieren auch sehr beliebt.

Aber seit ein paar Tagen hockt Paulchen nur noch traurig herum. Er geht kaum noch spazieren, sondern starrt die meiste Zeit Löcher in die Luft. Wenn man ihn anspricht, antwortet er kaum.

Die Tiere im Wald fangen an zu tuscheln. Sie machen sich große Sorgen um Paulchen Igel.

„Vielleicht ist Paulchen krank?", vermutet das Eichhörnchen.

Also rufen sie den Uhu. Der Uhu ist alt und weise. Er hat schon vielen Tieren geholfen.

Als der Uhu kommt, fühlt er Paulchens Puls und misst seine Temperatur.

„Fieber hast du nicht, Paulchen", sagt der Uhu. „Dein Herz schlägt auch ganz normal. Was ist bloß mit dir los?"

„Mein Herz schlägt wirklich normal?", wundert sich Paulchen Igel.

„Ja", sagt der Uhu. „Was ist denn mit deinem Herzen?"

Paulchen Igel seufzt. „Ach, in der letzten Zeit ist es schwer wie ein Stein. Mir ist es egal, ob es regnet oder ob die Sonne scheint. Ich kann mich überhaupt nicht mehr freuen."

„Gibt es denn einen Grund dafür?", fragt der Uhu vorsichtig nach.

„Ich hätte so gerne eine Freundin", sagt Paulchen Igel sehnsüchtig. „Alle um mich herum sind zu zweit: Das Eichhörnchen Wuschel hat seine Winnie, Dachs Dirk hat sich in Dina verliebt und Freddy und Finchen, die beiden Grünfinken, sind schon lange ein Paar. Ich hätte so gerne auch eine Freundin. Aber wer will schon einen Igel küssen?"

„Nett von dir“, sagt Paulchen Igel und lässt den Kopf wieder hängen.
„Ich hab das mit dem Kuss einfach nicht geschafft“, sagt die Ente etwas später zu den anderen Tieren.
„So schwer kann das doch nicht sein“, meint Beate, das Bibermädchen. „Ich werde gehen.“ Sie verlässt den Bach und läuft in den Wald zum Igel. Paulchen Igel hockt auf einem Laubhaufen und sonnt sich mit geschlossenen Augen.
Beate sieht seine Stacheln. Oh weh, so viele und so spitz! Das hat sie sich doch anders vorgestellt. Leise, ganz leise, damit Paulchen Igel nichts bemerkt, schleicht sie sich wieder davon.
Die Tiere im Wald beraten noch einmal. „Was sollen wir nur tun?“

„Aha“, murmelt der Uhu, „jetzt wundere ich mich nicht mehr, dass du so traurig bist. – Hm, schwerer Fall. Leider gibt es für deinen Kummer keine Tropfen und keine Kräuter. Aber ich verspreche dir, dass wir uns etwas einfallen lassen.“
„Hoffentlich.“ Paulchen Igel seufzt wieder. Vom Uhu erfahren die Waldtiere, was mit Paulchen los ist.
„Wir müssen ihm unbedingt helfen“, meint das Eichhörnchen. „Sonst wird er vielleicht noch schlimmer krank. Wir müssen jemanden finden, der den kleinen Igel küsst.“
Die Ente hat ein gutes Herz.
„Na gut, wenn er durch einen Kuss wieder gesund wird, dann werde ich es mal versuchen.“ Sie watschelt los.
Paulchen Igel blickt ihr erwartungsvoll entgegen. Die Ente sieht seine spitzen Stacheln und wird immer langsamer. Jetzt hat sie doch keine so große Lust mehr, ihn zu küssen.
„Hallo, Paulchen Igel“, ruft sie. „Ich wollte nur mal nach dir sehen.“

„Ich habe keine Angst vor spitzen Stacheln", verkündet Dina, die Dachsfrau. „Aber wenn ich Paulchen Igel küsse, wird mein Dirk eifersüchtig und ich kriege großen Ärger."
Auch die Ringelnatter lehnt es ab, den Igel zu küssen. „Ich habe eine so empfindliche Haut."
„Für mich kommt nur ein Freund mit weichem Fell in Frage", meint Hanna Hase und stellt ihre langen Ohren auf.
„Ich würde ja furchtbar gerne den kleinen Igel küssen", sagt Schleimi, die Nacktschnecke. „Aber alle behaupten, dass meine Küsse so schrecklich feucht und schleimig sind."
In der Runde herrscht betretenes Schweigen. Jetzt wissen die Tiere keinen Rat mehr. Muss Paulchen Igel vielleicht für immer traurig bleiben? Der arme Kerl!

„Ist denn wirklich niemand da, der den kleinen Igel küssen will?", fragt das Eichhörnchen verzweifelt.
Da meldet sich Otti, das Fischotter-Mädchen.
„Hurra!" Alle klatschen laut Beifall.
„Na endlich! Paulchen Igel ist gerettet!"
Aber Otti wehrt ganz schnell ab. „Nein, nein, ihr irrt euch. Ich werde Paulchen Igel nicht küssen, denn ich bin seit kurzem mit Otto zusammen."
Die anderen Tiere machen enttäuschte Gesichter.
„Aber drüben, am anderen Bachufer, ist vor ein paar Tagen eine kleine Igelin aufgetaucht", erzählt Otti eifrig. „Die könnten wir fragen, ob sie Paulchen Igel küssen will."
Die Tiere finden den Vorschlag sehr gut. Otti und Beate schwimmen gleich durch den Bach und suchen die Igelin.
Die Igelin spaziert gerade am Bachufer entlang. Sie ist auf der Suche nach Futter. Erstaunt hebt sie den Kopf, als Otti und Beate plötzlich vor ihr auftauchen.

„Hallo", grüßen die beiden. „Du bist neu in der Gegend, nicht wahr?"
„Ja", antwortet die Igelin. „Habt ihr was dagegen? Ich weiß noch nicht, ob ich hier bleibe oder ob ich weiterziehe."
„Du könntest uns einen sehr großen Gefallen tun", sagt Otti und erzählt der Igelin die Sache mit Paulchen Igel.
Die Igelin überlegt. „Ich weiß nicht", sagt sie zögernd.
„Nur ein einziger Kuss", meint Beate. „Vielleicht genügt das schon, dass Paulchen Igel wieder fröhlich wird."
Die Igelin lässt sich überreden. Auf Beates Rücken wird sie zum anderen Ufer gebracht. Otti erklärt ihr, wie sie zu dem kleinen Igel kommt.
„Erst links, dann rechts und dann immer geradeaus. Viel Glück!"
Die Igelin marschiert los. Sie ist ein bisschen aufgeregt. Es passiert ja nicht jeden Tag, dass sie jemanden küssen soll.
Paulchen Igel hockt im Gras und schaut einem Schmetterling zu, der auf einer Mohnblume sitzt.
„Hallo", sagt plötzlich eine Stimme. „Bist du Paulchen Igel?"
„Der bin ich", sagt Paulchen Igel und dreht verwundert den Kopf.
Vor ihm steht die Igelin. „Äh … ich heiße Inge."
Sie sehen sich an. Tief in die Augen. Paulchen Igel merkt, wie sein Herz auf einmal ganz leicht wird. Und Inge ist sehr verwirrt. Das ist ihr noch nie passiert, dass ihr jemand auf Anhieb so gut gefallen hat.
„Äh … ich bin hergekommen, um dich … äh … ich weiß es nicht mehr." Inge hat in diesem Moment alles vergessen. Sie sieht nur noch Paulchen Igel.
Paulchen Igel macht zaghaft ein paar Schritte auf sie zu. Dann berühren sich ihre Schnäuzchen. Es ist ein ganz zarter Kuss – und beide finden ihn wunderschön.
Paulchen Igel ist glücklich wie noch nie. Endlich hat er eine Freundin gefunden.
Die anderen Tiere sind auch sehr froh, dass Paulchen Igel wieder der Alte ist.
Und noch lange erzählt man sich im Wald die Geschichte vom kleinen Igel, der zuletzt doch noch einen Kuss gekriegt hat.

HERBST

Septembermorgen

Im Nebel ruhet noch die Welt,
noch träumen Wald und Wiesen:
Bald siehst du, wenn der Schleier fällt,
den blauen Himmel unverstellt,
herbstkräftig die gedämpfte Welt
in warmem Golde fließen.

(Eduard Mörike)

Das Lied der Raben

An einem Novembertag saßen fünfundzwanzig Raben auf einem kahlen Baum; stumm und unbeweglich. Nur die flinken Augen huschten hin und her.
Da kam eine Amsel geflogen. Sie setzte sich auf den höchsten Ast des Baumes und sang ihr schönes Lied.
Fünfundzwanzig Rabenschnäbel zeigten vorwurfsvoll nach oben, fünfzig Rabenaugen sahen die Amsel bitterböse an.
Doch diese sang weiter.

Da begann ein Rabe: Rrrah-rrrah-rrrah.
Ein zweiter fiel ein: Rrrah-rrrah-rrrah.
Dann ein dritter: Rrrah-rrrah-rrrah. Und ein vierter, fünfter, sechster, bis alle fünfundzwanzig Raben aus vollem Hals ihr RRRAH-RRRAH-RRRAH schmetterten.
Und sie hörten mit ihrem RRRAH-RRRAH-RRRAH erst auf, als sie heiser waren.
Fünfundzwanzig Rabenschnäbel zeigten stolz nach oben, fünfzig Rabenaugen schauten triumphierend hoch.
Aber die Amsel war schon lange weggeflogen und sang ihr schönes Lied auf einem anderen Baum.

Bunt sind schon die Wälder

Text: J. G. v. Salis-Seewies (1762–1834)
Melodie: Johann Friedrich Reichardt (1752–1814)

1. Bunt sind schon die Wälder,
gelb die Stoppelfelder,
und der Herbst beginnt.
Rote Blätter fallen,
graue Nebel wallen,
kühler weht der Wind.

2. Wie die volle Traube
aus dem Rebenlaube
purpurfarbig strahlt!
Am Geländer reifen
Pfirsiche mit Streifen
rot und weiß bemalt.

3. Flinke Träger springen,
und die Mädchen singen,
alles jubelt froh!
Bunte Bänder schweben
zwischen hohen Reben
auf dem Hut von Stroh.

4. Geige tönt und Flöte
bei der Abendröte
und im Mondesglanz;
junge Winzerinnen
winken und beginnen
frohen Erntetanz.

Häschen in der Grube

Text und Melodie: Volkslied

1. Häschen in der Grube sitzt und schläft.
   Armes Häschen, bist du krank,
   dass du nicht mehr hüpfen kannst?
   Häschen, hüpf! Häschen, hüpf!
   Häschen, hüpf!

2. Häschen, vor dem Hunde hüte dich!
   Er hat einen scharfen Zahn,
   packt damit mein Häschen an.
   Häschen, lauf! Häschen, lauf!
   Häschen, lauf!

Dido hat Geburtstag

Draußen ist es noch dunkel, aber Dido ist schon wach. Heute hat Dido Geburtstag! Leise schleicht er zu Papa und Mama. Die schlafen aber noch tief. „Psst! Papa", ruft Dido leise. „Ich habe Geburtstag!" Papa macht ein Auge auf. „Wie spät ist es denn?", fragt er. „Weiß ich nicht!", flüstert Dido. „Aber ich habe heute Geburtstag!" Papa gähnt. Er nimmt Dido zu sich ins Bett. „Es ist noch zu früh zum Feiern!", flüstert er. „Wir schlafen noch eine Runde!" Dido kuschelt sich an Papa. Er kann bestimmt nicht mehr schlafen! Wo er doch Geburtstag hat! Aber bald fallen Dido die Augen zu.

Als er wieder wach wird, ist es hell. Mama und Papa sind jetzt auch wach. „Herzlichen Glückwunsch!", rufen sie und Dido bekommt von beiden einen dicken Geburtstagskuss. „Kriege ich jetzt Geschenke?", fragt Dido. „Gleich!", sagt Mama. „Beim Frühstück!" Auch Duffi ist schon wach. Dido bekommt auch einen Geburtstagskuss von ihr. Einen ganz feuchten. Mama hat den Tisch schön gedeckt mit Servietten und ganz viel buntem Konfetti. Dido ist es ganz kribbelig im Bauch.
Endlich darf er seine Geschenke auspacken. Von Duffi bekommt er ein kleines Rennauto

aus Holz. Und von Papa und Mama ein neues Kuscheltier und neue Hausschuhe! Die sehen aus wie Löwentatzen!
Dido zieht die Hausschuhe sofort an. Jetzt ist er ein gefährlicher Löwe!
Nach dem Frühstück backt Mama einen Kuchen. Dido und Duffi dürfen helfen. „Jetzt schmücken wir das Wohnzimmer!", sagt Mama. Sie holt eine große Schachtel mit Girlanden und Luftschlangen. Jetzt wird es richtig bunt im Wohnzimmer. Zum Schluss bläst Mama noch Luftballons auf. Die hängen sie an die Girlanden. „Jetzt muss ich wieder in die Küche", sagt Mama. „Der Kuchen ist fertig." „Hm, das riecht gut!", ruft Dido. „Bekomme ich schon ein Stück? Löwen müssen viel essen!" Mama lacht. „Nichts da!", ruft sie. „Der Kuchen ist noch zu heiß. Auch noch zu heiß für Löwen!" Dido schmollt. „Ich habe aber doch Geburtstag!", knurrt er. Mama gibt Dido und Duffi einen Keks.
Erst einmal zufrieden gehen beide ins Kinderzimmer und spielen. Nachmittags ist es dann endlich so weit: Die Geburtstagsgäste stehen vor der Tür. Die kleinen Drachen haben alle ein Geschenk für Dido dabei. Dido ist ganz aufgeregt.
Von Igor bekommt er ein Bilderbuch und von Dubbi einen bunten Ball. Dodo schenkt ihm ein kleines Schiff für die Badewanne mit einem roten Segel. Dido brüllt ganz laut. Wie es Löwen nun mal tun, wenn sie sich freuen.

„Jetzt kommt mal alle her!“, ruft Mama. Sie hat für alle kleinen Drachen einen bunten Geburtstagshut gebastelt. Jeder darf sich einen aussuchen. Dann spielen sie zusammen „Blinder Drache“.
Zuerst ist Dubbi an der Reihe. Mama bindet ihr ein buntes Tuch vor die Augen. Dubbi muss versuchen die anderen zu fangen.
„Jetzt will ich mal!“, ruft Dido nach einer Weile. „Jetzt spielen wir ‚Blinder Löwe‘!“
Mama bindet Dido das Tuch um.
„UUUAAAH!“, brüllt Dido. „Ich bin ein Löwe und will euch fressen!“
Schon hat er Duffi gefangen.
„Hilfe!“, ruft Duffi. „Ein Löwe will mich fressen!“ Mama lacht. „Da habe ich eine bessere Idee!“ Sie nimmt Dido das Tuch von den Augen. Und was sieht er da?
Auf dem Tisch steht der Geburtstagskuchen mit vier Kerzen. Denn Dido wird vier.
„Alle auf einmal!“, ruft Duffi. „Pfffff!“ Dido pustet alle vier Kerzen aus.
Jeder bekommt von Mama ein großes Stück Kuchen. Und eine Tasse Schokolade. Mit Sahne. Dido isst noch ein riesiges Stück Kuchen.
„Spielen wir jetzt ‚Reise nach Jerusalem‘?“, fragt Dido. Das ist sein Lieblingsspiel.
„Au ja!“ Alle laufen durcheinander und stellen Stühle im Kreis auf. Mama macht die Musik an. Dann geht es los. Die kleinen Drachen rennen wild im Kreis herum.
Plötzlich setzt sich Dido hin, obwohl die Musik noch gar nicht gestoppt hat.
Er ist ganz blass um die Nase. Mama nimmt ihn auf den Schoß.
„Was fehlt dir denn, du großer Löwe?“, fragt sie.
„Mir ist ganz schlecht!“, sagt Dido leise.
Zum Glück weiß Mama eine gute Medizin. Sie macht Dido einen Tee. Der ist speziell für Löwen mit Bauchweh. Schon bald kann Dido wieder mitspielen. Als seine Freunde wieder weg sind, kommt Papa nach Hause.
Er bekommt auch ein Stück Kuchen.
Dido und Duffi erzählen ihm alles vom Geburtstagsfest.
„So, ihr Festnasen!“, ruft Mama. „Es wird Zeit fürs Bett!“ Dido schüttelt den Kopf.
Löwen gehen noch lange nicht schlafen!
Aber schon bald werden Didos Augen schwer. Er zieht seinen Schlafanzug an, nimmt sein neues Kuscheltier in den Arm und schläft sofort ein.
Gute Nacht, kleiner Löwe!
Träume schön, kleiner Drache!

Wer waren die Dinosaurier?

Vor langer Zeit, als die Erde ganz anders aussah als heute, lebten die Dinosaurier. Manche von ihnen waren riesig groß und wogen mehr als zwölf Elefanten. Andere waren klein wie Truthühner, dafür aber schnell und wendig. Die riesigen Pflanzen fressenden Cetiosaurier lebten in Herden. Der Tyrannosaurus Rex war ein von allen gefürchteter Fleischfresser. Er ging nur dem Stegosaurus aus dem Weg, weil er seinen Stachelschwanz fürchtete.
Eines hatten alle Dinosaurier gemeinsam: Sie lebten ausschließlich auf dem Land.

Wann und wo lebten die Dinosaurier?

Die Zeit, in der die Dinosaurier lebten, nennt man das Erdmittelalter. Es wird in die drei Zeitalter Trias, Jura und Kreide unterteilt. Dinosaurier gab es über 160 Millionen Jahre lang. Vor 65 Millionen Jahren starben sie alle aus.

Zur Zeit der Dinosaurier war es auf der ganzen Erde sehr warm. Damals waren die Ozeane viel größer und es gab nur einen einzigen Kontinent.

Wie gefährlich waren die Fleischfresser?

Unter den Dinosauriern gab es viel weniger Fleischfresser als Pflanzenfresser. Die Fleischfresser lauerten ihren Opfern meist an Wasserstellen auf. Das zeigen zahlreiche Spuren, die man an ehemaligen Wasserlöchern gefunden hat. Ihr kräftiges Gebiss mit dolchartigen Zähnen, die Greifhände mit scharfen Krallen, kräftige Beine und gute Augen machten sie zu angriffsstarken Räubern.
Tyrannosaurus, Deinonychus, Allosaurus und Velociraptor sind die bekanntesten Raubsaurier. Sie konnten mit ihrem fürchterlichen Gebiss ganze Körperteile ihrer Opfer abreißen und verschlingen.

Die säbelartigen Zähne des Allosaurus waren etwa 15 cm lang und rasiermesserscharf.

Wie groß waren die Dinosaurier?

Der wahrscheinlich größte Dinosaurier aller Zeiten lebte vor 135 Millionen Jahren. Er war schätzungsweise bis zu 40 m lang und etwa 17 m hoch. Das ist so hoch wie ein 6-stöckiges Hochhaus. Man nennt ihn Super- oder Ultrasaurus und weiß noch nicht viel über ihn. Der friedliche Pflanzenfresser Diplodocus, den du hier siehst, wurde immerhin 27 m lang.

Mit seinem 15 m langen Schwanz besaß er eine wirksame Waffe gegen Raubsaurier. Ein Brachiosaurus (Armechse) erreichte eine Länge von 23 m. Er wog mehr als zwölf Elefanten und war wahrscheinlich der schwerste aller Dinosaurier.

Basteln im Herbst

Aus Laub, Hagebutten, Fäden und Zahnstochern kannst du diese Figuren basteln.

Hagebuttenkette

Hagebuttenmäuse

Herr und Frau Hagebutte mit Blätterkleidern

Hagebuttenkind in einer Nusswiege

Marionette mit einem Blätterkleid

Hagebuttenhund

Blätter-Marionetten

Am besten eignen sich Kastanienblätter für diese Tanzmarionetten.

Du brauchst: Blätter, Wollfäden, etwas Papier und Stifte und Klebstoff.

Wie du die Blätter zusammenbindest, kannst du auf der Zeichnung sehen. Dann kannst du auf Papier Gesichter und Hüte aufmalen und auf die Blätter kleben.

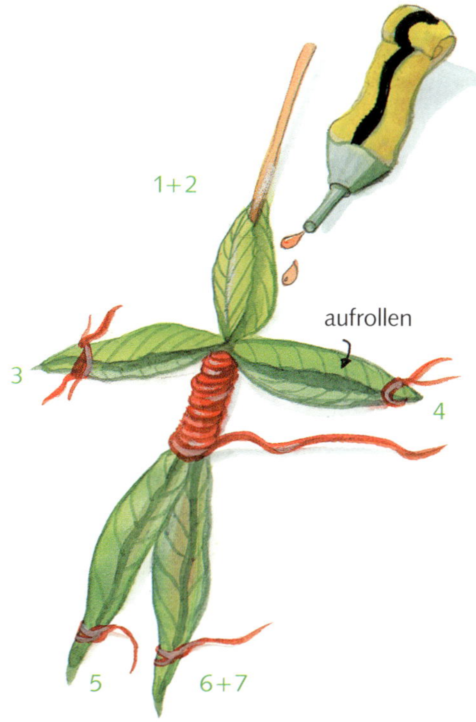

Was ist das?

Es sitzt auf einem Stöckchen,
hat ein rotes Röckchen
und das Bäuchlein voll Stein',
was mag das wohl sein?
(Hagebutte)

Wer meine Äpfel nicht veracht',
im Winter damit Feuer macht.
(Kiefer)

Mich sammeln gerne Groß und Klein
und frisst vergnügt das wilde Schwein.
(Die Eichel)

Der arme Tropf
hat einen Hut und keinen Kopf
und hat dazu
nur einen Fuß und keine Schuh.
(Der Pilz)

Erst ist es grün, dann gelb und rot,
und fliegt es weg, dann ist es tot.
(Das Laub)

Viele runde braune Häuschen,
die sind an meinem Strauch.
Was drinnen ist, mein Mäuschen,
isst du recht gern – ich auch!
(Haselnuss)

Kastanien-Igel
mit Knete-Schnauze!

Hoch wie ein Haus,
klein wie eine Maus,
stachlig wie ein Igel,
glänzend wie ein Spiegel.
(Kastanie)

Die Blume mit dem
Zahnstocher in die
Kastanie stecken.

Die Hände bestehen aus
Zahnstochern mit Knete!

Hagebutten kannst du als Hut oder
auch als Kopf verwenden!

Blumenhut

Wenn du die Kastanien in den
Schalen lässt, sehen sie aus wie Babys
in ihren Wiegen!

Dieses Kind hat einen Hut
aus Krepppapier!

Stacheln hab ich wie ein Igel.
Ei, sieht das nicht lustig aus?
Purzle ich vom Baum herunter,
springt ein braunes Männlein raus.
(Kastanie)

Rate mit Leo Rätsellöwe

Leo und seine Freunde haben sich als Piraten verkleidet.
Wer findet 6 Unterschiede?

Alles ist in Schachteln verstaut.
Zu welcher Schachtel
gehört welcher Deckel?

Im Kleiderschrank ist ein großes Durcheinander.
Leo sucht zwei gleiche Socken zum Anziehen.
Hilfst du ihm?

Wie kommt Leo nach Hause?
In der Reihe unten siehst du die Tiere,
an denen er vorbeikommt.

Mitten in der Nacht

Alexander bleibt zum ersten Mal über Nacht bei seinen Großeltern. Als es Zeit zum Schlafen ist, setzt sich Großmutter zu Alexander ans Bett und erzählt ihm eine lange Gute-Nacht-Geschichte. Dabei schläft er ein.
Mitten in der Nacht wacht Alexander auf – und merkt sofort, dass etwas nicht stimmt. Es riecht nicht nach seinem Bett. Er tastet zur Bettkante, aber da ist niemand.
„Oma“, flüstert Alexander. Keine Antwort. Er hebt den Kopf ein wenig und zieht ihn sofort wieder ein. Vor dem Bett steht eine dunkle Gestalt.
„Oma“, wimmert Alexander. „Oma, wo bist du?“
Wenig später kommt Großmutter ins Zimmer, knipst das Licht an und nimmt Alexander in den Arm. Er drückt sich an sie und nuschelt in ihr Nachthemd: „Oma, da war einer.“
„Das hast du bestimmt nur geträumt“, meint Großmutter.
„Nein, da war einer, ich hab ihn gesehen“, wiederholt Alexander. „Ich will zu dir ins Bett.“
Großmutter ist zwar nicht gerade begeistert, aber sie nimmt Alexander auf den Arm und trägt ihn in ihr Bett.
Zwischen Großmutter und Großvater fühlt sich Alexander sicher und schläft bald wieder ein, obwohl Großvater ziemlich laut schnarcht.

Die Legende vom heiligen Martin

Martin wurde im Jahre 315 in Ungarn geboren. Sein Vater war römischer Soldat und so wuchs Martin in Italien auf. Auch Martin wurde mit 15 Jahren Soldat und gehörte zu den Gardereitern des Kaisers Konstantin.
An einem bitterkalten Abend kehrte er einmal von einem Ausritt in seine Unterkunft zurück. Da sah er vor dem Stadttor einen Bettler kauern. Der Mann war kaum bekleidet und fror erbärmlich. Ohne zu zögern nahm Martin seinen warmen Soldatenmantel, teilte ihn mit seinem Schwert und gab dem Bettler eine Hälfte.
Ihn kümmerte nicht, dass er wegen des kaputten Mantels große Schwierigkeiten bekommen könnte.
Mit 18 Jahren ließ Martin sich taufen und trat aus dem Heer aus, weil er ganz für seinen Glauben leben wollte.
Er schloss sich der Kirche an und bald schon gründete er ein Kloster.
Es folgten noch viele andere.

Als Martin zum Bischof von Tours gewählt werden sollte, versteckte er sich, denn er wollte das hohe Amt nicht annehmen. Doch Gänse in der Nähe seines Verstecks schnatterten so laut, dass man ihn bald fand. Nach langem Zögern willigte er schließlich ein und wurde Bischof.
Sein Leben lang blieb Martin bescheiden und half vor allem den Armen.
Immer wieder unternahm er weite Reisen, um den Leuten von Christus zu erzählen. Auf einer dieser Reisen starb er im Jahre 397. Mehr als 2000 Mönche trugen ihn zu Grabe.
Über seinem Grab wurde eine Kapelle gebaut.
Heute feiern wir am 11. November den Martinstag und erinnern uns an seine Hilfsbereitschaft und Nächstenliebe. Bei Laternenumzügen werden Martinslieder gesungen, Kinder spielen die Mantelteilung nach und es wird Brot geteilt.

Ich geh mit meiner Laterne

aus Norddeutschland

2. Ich geh mit meiner Laterne …
   Der Martinsmann, der zieht voran.
   Rabimmel, rabammel, rabumm.

3. Ich geh mit meiner Laterne …
   Wie schön das klingt, wenn jeder singt.
   Rabimmel, rabammel, rabumm.

4. Ich geh mit meiner Laterne …
   Ein Kuchenduft liegt in der Luft.
   Rabimmel, rabammel, rabumm.

5. Ich geh mit meiner Laterne …
   Beschenkt uns heut, ihr lieben Leut.
   Rabimmel, rabammel, rabumm.

6. Ich geh mit meiner Laterne …
   Mein Licht ist aus, ich geh nach Haus.
   Rabimmel, rabammel, rabumm.

WINTER

Du liebe Zeit!
Es schneit, es schneit!
Die Flocken fliegen
und bleiben liegen.
Ach, bitte sehr:
noch mehr, noch mehr!

Warum die Eisbären schwarze Nasen haben

Alle Eisbären sind weiß und leben in Eis und Schnee.
Weit und breit ist nichts: kein Baum, kein Strauch,
höchstens ein Eskimohaus und das ist auch aus Schnee.
Kein Wunder, dass es so einem Eisbären ab und zu langweilig wird.
Dann macht er sich auf die Suche.
Tagelang tapst er über endlos weite weiße Flächen.
Wohin er auch schaut: Alles ringsum ist weiß.
Doch irgendwann richtet sich der Eisbär plötzlich auf.
Er hat einen schwarzen Punkt gesehen!
Der Eisbär läuft, läuft, der schwarze Punkt kommt immer näher,
er wird größer. Und dann steht der Eisbär endlich einer Eisbärin
gegenüber! Die beiden brüllen vor Begeisterung.
Sie heben die mächtigen Tatzen und legen sie einander zärtlich
auf die Schultern.
Dann wiegen sich die beiden Eisbären sanft, als hörten sie eine
geheimnisvolle Musik.
Und die großen Köpfe gehen hin und her.
Und aus der Ferne sieht man mitten im Weiß zwei schwarze
Nasen tanzen.

Die Vögel warten im Winter vor dem Fenster

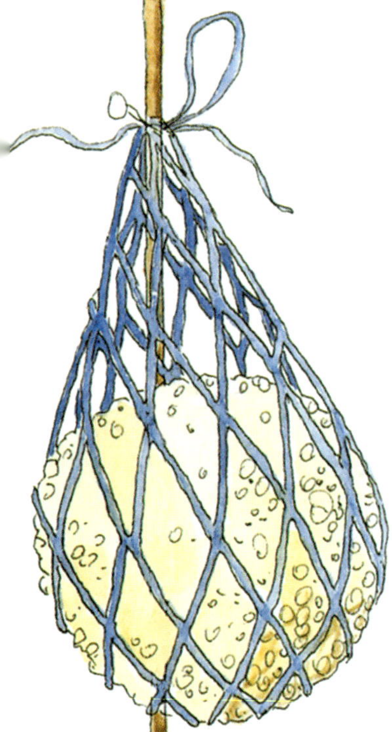

Ich bin der Sperling.
Kinder, ich bin am Ende.
Und ich rief euch immer im vergangenen Jahr,
wenn der Rabe wieder im Salatbeet war.
Bitte um eine kleine Spende.
Sperling, komm nach vorn.
Sperling, hier ist dein Korn.
Und besten Dank für die Arbeit!

Ich bin der Buntspecht.
Kinder, ich bin am Ende.
Und ich hämmere die ganze Sommerzeit.
All das Ungeziefer schaffe ich beiseit.
Bitte um eine kleine Spende.
Buntspecht, komm nach vurn.
Buntspecht, hier ist dein Wurm.
Und besten Dank für die Arbeit!

Ich bin die Amsel.
Kinder, ich bin am Ende.
Und ich war es, die den ganz Sommer lang
früh im Dämmergrau in Nachbars Garten sang.
Bitte um eine kleine Spende.
Amsel, komm nach vorn.
Amsel, hier ist dein Korn.
Und besten Dank für die Arbeit!

Bertolt Brecht

Der Zottelhund

Eines Tages ritt ein kleiner Engel über das verschneite Land. Er hatte den Auftrag erhalten, die Gäste für den Geburtstag des Christkindes einzuladen. Und weil er keine andere Bleibe fand, übernachtete er im Wald in einem alten Köhlerhäuschen. Er machte es sich gemütlich. Im Herd flackerte ein Feuer, sein Reittier, ein Esel, stand in der Ecke und fraß das Heu, das der Köhler im Sommer eingebracht hatte, und der kleine Engel kaute an einer Brotrinde, die er im Schrank gefunden hatte. Draußen schneite es. Ab und zu krachte ein Ast zu Boden, weil die Schneelast zu schwer für ihn geworden war. Sonst war es still.

Auf einmal hörte der kleine Engel ein leises Kratzen an der Tür, und weil Engel meistens sehr mutig sind, zögerte er nicht lange und machte auf. Draußen stand ein völlig durchfrorener zotteliger Hund. Er war grau. Seine Augen blitzten wie die Sterne am Winterhimmel und sein Schwanz war lang und buschig.

„Komm herein!", forderte der kleine Engel ihn freundlich auf. Der Hund legte sich vor den Herd und leckte sich die wunden Pfoten.

„Was machst du denn in einer so kalten Nacht draußen?", fragte ihn der kleine Engel.

„Frieren", knurrte der Hund.

„Und warum bist du deinem Herrn davongelaufen?"

„Ich hab keinen Herrn mehr."

„Du bist ein armer Hund", bedauerte ihn der kleine Engel. „Jetzt, wo Weihnachten vor der Tür steht, hast du kein Zuhause."

„Bleib mir bloß weg mit Weihnachten", brummte der Zottelhund wütend.

„Aber warum denn?", fragte ihn der kleine Engel und legte noch etwas Holz auf Feuer.

„Weil ich an Weihnachten schon so oft verschenkt worden bin, dass ich mich nicht mehr darauf freue."

„Verschenkt!", rief der kleine Engel verwundert. „An wen?"

„Als ich kaum acht Wochen alt war, schenkte mich ein Vater seinen Kindern. Zuerst freuten sich die Kinder. Sie schleppten mich herum und fütterten mich mit Weihnachtsplätzchen, bis ich Bauchweh bekam. Dann hängten sie mich an eine Leine und gingen mit mir spazieren. Dabei zerrten sie mich durch den hohen Schnee, der in meinem Fell hängen blieb.

Als ich wieder in die warme Wohnung zurückkehrte und der Schnee zu schmelzen begann, entstanden viele Pfützen unter meinen Pfoten. Das störte die Mutter der Kinder und sie brachte mich schnell in ein Tierheim."

„Ach je!", seufzte der kleine Engel. „Das hat den Kindern sicher sehr Leid getan."

„Sie haben geweint, aber als ihnen ihre Eltern an meiner Stelle zwei Meerschweinchen kauften, waren sie gleich wieder getröstet."

„Und wie ging es weiter?"

„Am nächsten Weihnachtsfest schenkte mich ein junger Mann seiner Freundin. Sie kaufte mir gleich ein rotes Halsband und führte mich im Park spazieren. Dort durfte ich dann auch meine Häufchen hinterlassen. Doch schon bald kam ein Parkwächter, der dem Mädchen befahl, dass es das, was ich im Park hinterließ, wegräumen müsste. Das war ihm sehr peinlich, denn es hatte seinen neuen Mantel an. Deshalb entschloss es sich schnell, mich wieder dem Tierheim zurückzugeben. Mir war himmelangst vor dem nächsten Weihnachtsfest. Doch dieses Mal traf ich es gut. Ein Mann holte mich ab und brachte mich zu seiner Mutter. Ich bekam schrecklich viel zu fressen bei ihr und wurde ziemlich fett. Sie strickte mir einen Pullover, den sie mir anzog, wenn

es draußen kalt war. Er war so warm, dass ich immerzu hecheln musste. Aber ich mochte die alte Frau. Leider starb sie schon nach kurzer Zeit. Da kam ich zum dritten Mal ins Tierheim zurück."
„Und dann?", fragte der kleine Engel.
„Das ist erst ein paar Wochen her", sagte der Zottelhund. „Und weil schon bald wieder Weihnachten ist, bin ich schnell davongelaufen. Ich will nicht noch einmal verschenkt werden. Ich will mir meinen Herrn selbst aussuchen."
„Wie wär's, wenn du mich begleiten würdest?", schlug ihm der kleine Engel vor und strich dem Hund über das Zottelfell. „Ich bin gerade dabei, die Gäste für den Geburtstag des Christuskindes einzuladen. Warum nicht auch dich? Wir werden Maria und Josef fragen, ob du bei ihnen bleiben darfst, um das Kind zu bewachen. Einen besseren Herren als dieses Kind würdest du auf der ganzen Welt nicht finden."

Da begleitete der Zottelhund den kleinen Engel durch die verschneiten Wälder und über die Berge bis zu dem Stall, in dem das Christuskind geboren worden war. Und nachdem ihn Maria und Josef freundlich begrüßt hatten, legte er sich neben Ochs und Esel ins Stroh vor die Krippe und passte auf, dass niemand dem Kind etwas zu Leide tat.

Die Legende vom heiligen Nikolaus

Vor langer, langer Zeit lebte einmal in Kleinasien ein Bischof, der hieß Nikolaus. Er war ein großer Wohltäter, streng mit sich selbst und gütig zu seinen Mitmenschen. Nachdem er gestorben war, begannen sich die Leute viele Geschichten über ihn zu erzählen. Sie handelten von all den Wundertaten, die er vollbracht hatte, wie er die Feinde seines Volkes ohne Blutvergießen bezwang, indem er sie einfach zu Tisch einlud und Frieden mit ihnen aushandelte, und wie er immer wieder den Seefahrern beistand, die ihn um Hilfe anflehten, wenn sie in Not gerieten.
Einmal fiel in seinem Land die Ernte so schlecht aus, dass eine große Hungersnot entstand. Da kam dem Bischof die Nachricht zu Ohren, dass mehrere fremde, bis oben hin mit Weizen beladene Schiffe in den Hafen eingelaufen seien, weil ein Sturm herannahte. Ohne lange zu überlegen, suchte der heilige Nikolaus die Schiffsleute auf.
„Gott hat euch hierher geführt, denn hier sterben die Menschen vor Hunger“, sagte er zu ihnen. „Gebt mir hundert Maß Weizen aus jedem Schiff! Mit ein paar hundert Maß von eurem Getreide könnten sie gerettet werden.“
Doch die Kapitäne schüttelten die Köpfe.
„Das geht leider nicht, Herr. Unser Weizen wurde in Alexandria abgemessen. Wir müssen die volle Ladung in Konstantinopel abliefern, sonst bezichtigt man uns des Diebstahls und macht uns den Prozess.“
„Bitte tut, was ich euch sage!“, bat sie der heilige Nikolaus. „Ich schwöre bei Gott, dass ihr dem kaiserlichen Kornmesser genauso viele Maße anliefern werdet, wie ihr in Alexandria in eure Schiffe geladen habt. Ihr könnt euch auf mich verlassen.“
Die Schiffsleute glaubten und vertrauten ihm. Sie überließen ihm von jedem ihrer Schiffe hundert Maß. Und als sie den Weizen in Konstantinopel entluden, wurde die genau gleiche Menge gemessen, die sie in Alexandria empfangen hatten.
Das empfanden die Kapitäne als großes Wunder und sie erzählten die Geschichte überall in den Häfen. Von dort aus verbreitete sie sich weiter über die ganze Welt. Der heilige Nikolaus jedoch ließ das Korn an sein Volk verteilen. Jeder bekam, so viel er brauchte. Niemand musste mehr vor Hunger sterben. Alle wurden satt, nicht nur in diesem Jahr, sondern auch im nächsten und übernächsten, und dabei blieb immer noch genug für die Aussaat auf den Feldern übrig.
War das nicht ein großes Wunder?

Sankt Nikolaus ist hier

Text und Melodie: Volkslied aus England
Deutsche Fassung: Erno Seifriz

1. Ich hör ihn, ich hör ihn,
   ich hör ihn vor dem Haus.
   Er spannt schon, er spannt schon,
   er spannt den Schlitten aus.
   Und mit Klingelingeling
   und mit Schnauf-schnauf-schnauf
   und mit Polter-polter-polter
   schon die Treppe rauf.
   Ich hör ihn, ich hör ihn,
   ich hör ihn vor dem Haus!

2. Ich seh ihn, ich seh ihn,
   ich seh ihn klar vor mir.
   Da steht er, da steht er,
   Sankt Nikolaus ist hier.
   Und mit Klingelingeling
   und mit Schnauf-schnauf-schnauf
   und mit Polter-polter-polter
   leert den Sack er aus.
   Ich seh ihn, ich seh ihn,
   Sankt Nikolaus ist hier.

Morgen kommt der Weihnachtsmann

Text: Hoffmann v. Fallersleben
Melodie: Volkslied

1. Morgen kommt der Weihnachtsmann,
kommt mit seinen Gaben.
Puppen, Pferdchen, Sang und Spiel
und auch sonst der Freude viel,
ja, oh welch ein Glücksgefühl,
könnt' ich alles haben.

Herr Nikolas

Herr Nikolas, Herr Nikolas,
bring mir zum sechsten Dezember was!
Ich stell auch Vaters Schuh vors Fenster,
denn meinen fand ich viel zu klein.
Gelt, Nikolas, du tust was hinein?

Nikolas, Nikolas, huckepack,
schenk uns was aus deinem Sack!
Schütte deine Sachen aus,
gute Kinder sind im Haus!

Nikolas, Nikolas, heiliger Mann,
zieh die großen Stiefel an,
reis' damit nach Spanien,
kauf Äpfel, Nüss', Kastanien!

Heiliger Sankt Nikolas,
bring den kleinen Kindern was.
Die großen, die lass laufen,
die können sich was kaufen.

Der Nikolaus und sein Rentier

Du brauchst: 1 große Schachtel, 4 Klorollen, 2 Versandrollen, Buntpapier, Packpapier, Filz und Stoffreste, kleine Schachteln, Watte, Kleister und Schere.

So bastelst du das Rentier: In einem kleinen Eimer wird der Kleister angerührt. Dann reißt du das Packpapier in Streifen und beklebst damit die Schachtel, die Klorollen und ein Stück Versandrolle. Alle Teile werden nun zusammengeklebt. Schneide aus festem Papier ein Geweih aus und klebe es fest. Die Ohren sind aus Packpapier.

So bastelst du den Weihnachtsmann: Die zweite Versandrolle wird zu zwei Dritteln mit Filz beklebt. Dann klebe eine Mütze aus Filz an das obere Ende der Rolle, lasse aber ein Stück für das Gesicht frei. Beine und Arme werden aus Filz zugeschnitten und an den Körper geklebt.

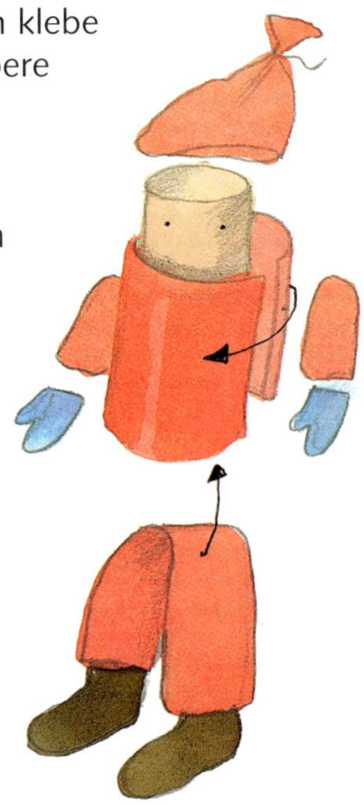

Nun kannst du den Nikolaus auf das Rentier setzen und kleine Päckchen hinter ihm festbinden.

Wenn's schneit

Wenn's schneit, wenn's schneit,
ist Weihnacht nicht mehr weit.
Dann geht der alte Nikolaus
mit seinem Sack von Haus zu Haus.

Wenn's schneit, wenn's schneit,
ist Weihnacht nicht mehr weit.
Dann kann man durch die Straßen gehn
und all die schönen Sachen sehn.

Wenn's schneit, wenn's schneit,
ist Weihnacht nicht mehr weit.
Dann riecht es, ach so wundersam,
nach Äpfeln und nach Marzipan.

Spiele mit Nüssen

Nüsse werfen

Auf dem Boden werden in einiger Entfernung Eierkartons aufgestellt. Die Kinder müssen nun versuchen, mit den Nüssen in die Vertiefungen zu zielen. Wer schafft es, einen ganzen Karton zu füllen oder ein Muster zu werfen?

Als Variante dieses Spiels können mehrere Kinder versuchen, die von einem geworfene Nuss mit ihrem Eierkarton aufzufangen. Wer fängt die meisten Nüsse? Schwierig wird es, wenn man die bereits gefangenen Nüsse in der Pappe behält und darauf achten muss, dass diese beim nächsten Fangen nicht herausfallen.

Eichhörnchen

Jedes Kind bekommt sechs Nüsse. Mit einer Schnur wird ein kleiner Kreis auf den Boden gelegt, mit einer zweiten Schnur etwa in Armeslänge um den kleinen herum ein zweiter größerer Kreis. Jedes Kind legt zwei Nüsse in den kleinen Kreis. Nun stellen sich alle rings um den großen Kreis auf, und abwechselnd wird versucht, mit gerade ausgestrecktem Arm eine Nuss aus dem Vorrat so geschickt in den kleinen Kreis zu werfen, dass sie liegen bleibt. Jede Nuss, die herausrollt, ist verloren. Zuletzt alle Nüsse aus dem kleinen Kreis knacken und gemeinsam aufessen. Die verlorenen Nüsse fürs nächste Spiel aufheben!

Überraschungsnüsse

Mit einem Messer kann man Walnüsse an ihren runden Enden öffnen, sodass die Schalen heil bleiben. In die leeren Nusshälften steckt ihr kleine Zettel. Dann klebt ihr die Hälften zusammen.

Nussschiffchen

Einen Zahnstocher in Knete stecken und in der Nussschale festkleben. Die Nussschiffchen könnt ihr zusammen mit ein paar Teelichtern in einer Schüssel mit Wasser schwimmen lassen.

Wir basteln Christbaumschmuck

Du brauchst: Pappmaschee (gibt es in Tüten im Bastelgeschäft), Eimer, Holzstock, Farben zum Bemalen, Goldfolie, Buntpapier, Klebstoff, Schere.

Und so wird's gemacht:
In einem Eimer Pappmaschee mit Wasser anrühren. Aus dieser Knetmasse kannst du Sonne, Mond, Vögel ... formen.
In die getrockneten und bemalten Figuren bohrst du ein Loch, ziehst einen Faden hindurch und hängst sie am Christbaum auf.

Der kleine Biber feiert Weihnachten

Der kleine  sitzt unter der 

vor seinem kleinen  .

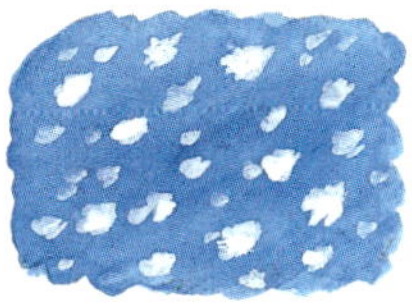 tanzen umher und legen sich auf

das  und auf die  .

Weihnachten steht vor der . Der

kleine  hat eine große  voll

 gebacken. Aber sein  ist

schwer. Soll er allein unter dem 

sitzen und  essen?

Da kommt eine  geflogen und setzt sich neben den  auf die .

„Quak! Mir ist kalt!“, sagt sie und steckt einen  unter den . „Ich sehne mich so nach der warmen  und den !“

Der kleine  reibt sich seine

kalte . „Aber jetzt fallen .

Der  ist zugefroren. Und ich will

nicht allein mit meinen 

unter dem  sitzen."

„Darf ich bei dir bleiben?", fragt die .

Der kleine  nickt mit dem  und klatscht in die 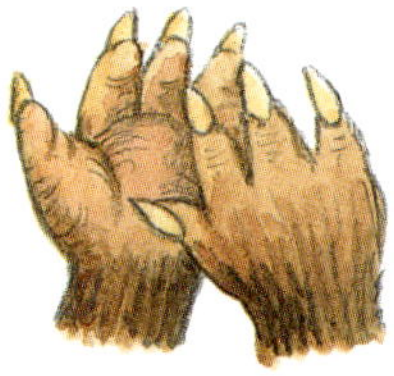: „Hurra! Wir feiern zusammen!“ Und da fällt ihm etwas ein. Er schreibt einen . „An alle, die im  wohnen: Weihnachten bei mir, vor meinem ! Ich lade euch ein. Euer .“ Die kleine  nimmt den  in den . Sie flattert mit den 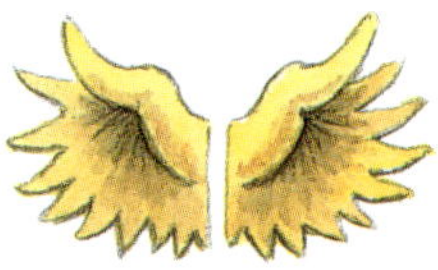. Und wusch!, schon ist sie hinter der großen  verschwunden.

Am Weihnachtsabend sind alle Freunde da.

Der kleine  zündet die vielen  am

 an. Alle hüpfen um den 

und singen:

„Es leuchten hell die ,

und froh sind unsre .

Hört die 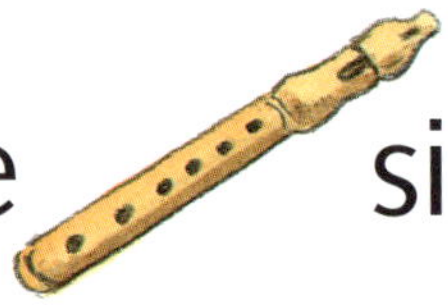 singen,

die  klingen.

Und wir tanzen – dideldum –

um den  herum."

Schneeflöckchen, Weißröckchen

Volkslied

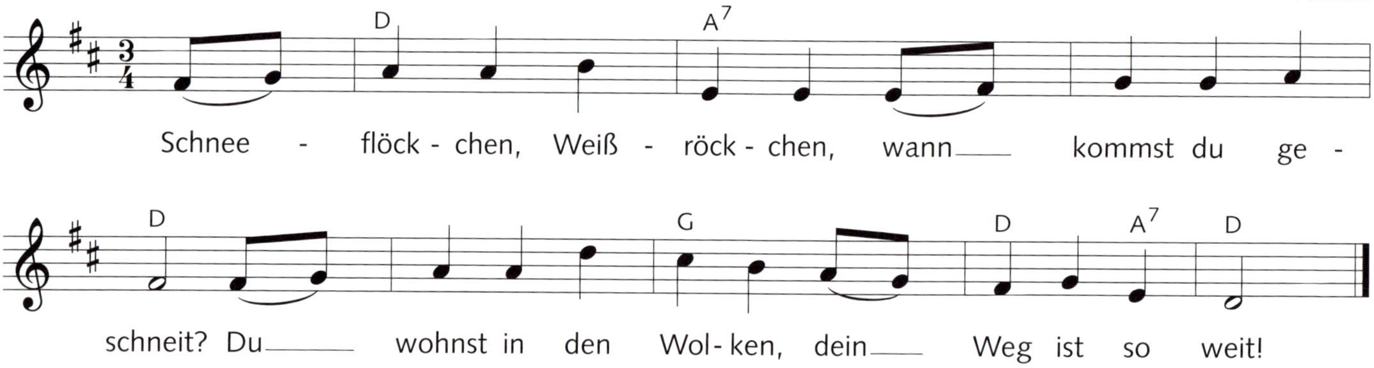

1. Schneeflöckchen, Weißröckchen,
   wann kommst du geschneit?
   Du wohnst in den Wolken,
   dein Weg ist so weit!

2. Komm, setz dich ans Fenster,
   du lieblicher Stern,
   malst Blumen und Blätter,
   wir haben dich gern.

3. Schneeflöckchen, du deckst uns
   die Blümelein zu,
   dann schlafen sie sicher
   in himmlischer Ruh.

4. Schneeflöckchen, Weißröckchen,
   komm zu uns ins Tal,
   dann baun wir den Schneemann
   und werfen den Ball.

Leise rieselt der Schnee

Text und Melodie: Eduard Ebel

1. Leise rieselt der Schnee,
   still und starr ruht der See,
   weihnachtlich glänzet der Wald:
   Freue dich, Christkind kommt bald!

2. In den Herzen ist's warm,
   still schweigt Kummer und Harm,
   Sorge des Lebens verhallt:
   Freue dich, Christkind kommt bald!

3. Bald ist Heilige Nacht,
   Chor der Engel erwacht,
   hört nur, wie lieblich es schallt:
   Freue dich, Christkind kommt bald!

Alle Jahre wieder

Text und Melodie: Friedrich Silcher

1. Alle Jahre wieder kommt das Christuskind, auf die Erde nieder, wo wir Menschen sind.

2. Kehrt mit seinem Segen ein in jedes Haus, geht auf allen Wegen mit uns ein und aus.

3. Ist auch mir zur Seite, still und unerkannt, dass es treu mich leite an der lieben Hand.

Oh du fröhliche

Text und Melodie: Volkslied aus Sizilien

1. Oh du fröhliche, oh du selige,
   gnadenbringende Weihnachtszeit!
   Welt ging verloren, Christ ist geboren;
   freue, freue dich, oh Christenheit!

2. Oh du fröhliche, oh du selige,
   gnadenbringende Weihnachtszeit!
   Christ ist erschienen, uns zu versöhnen;
   freue, freue dich, oh Christenheit!

3. Oh du fröhliche, oh du selige,
   gnadenbringende Weihnachtszeit!
   Himmlische Heere jauchzen dir Ehre.
   Freue, freue dich, oh Christenheit!

Jesus wird geboren

Lukas 2

Zu jener Zeit ordnete der römische Kaiser Augustus an, dass alle Menschen in seinem Reich gezählt und in Steuerlisten eingetragen werden. Die Zählung war die erste und wurde durchgeführt, als der Statthalter Quirinius über die Provinz Syrien herrschte.

Und jeder ging in die Stadt, aus der seine Familie stammte, um sich einschreiben zu lassen. Auch Josef machte sich auf den Weg. Aus Galiläa, der Stadt Nazaret, ging er nach Bethlehem, der Stadt Davids. Denn er stammte aus der Familie von König David. Dort wollte Josef sich einschreiben lassen, zusammen mit Maria, seiner Verlobten, sie war schwanger.
Als sie in Bethlehem ankamen, war es Zeit für die Entbindung. Maria gebar ihren Sohn, wickelte ihn in Windeln und legte ihn in eine Krippe. Denn in den Herbergen der Stadt hatten sie keinen Platz mehr gefunden.
In jener Gegend waren Hirten auf dem freien Feld, die hielten Wache bei ihren Herden in der Nacht. Da trat der Engel des Herrn zu ihnen und die Herrlichkeit Gottes umgab sie und sie hatten große Angst.
„Fürchtet euch nicht", sagte der Engel zu ihnen, „denn ich bringe große Freude für euch und das ganze Volk. Euch ist heute der Retter geboren, Christus, der Herr, in der Stadt Davids.
An diesem Zeichen werdet ihr ihn erkennen: Ihr werdet ein neugeborenes Kind finden, in Windeln gewickelt und es liegt in einer Futterkrippe."
Und plötzlich war bei dem Engel ein ganzes Heer von Engeln, die lobten Gott und sprachen:
„Ehre sei Gott in der Höhe und Friede auf Erden bei den Menschen seines Wohlgefallens."
Als die Engel sie verlassen hatten, sagten die Hirten zueinander: „Lasst uns nun nach Bethlehem gehen und sehen, ob da geschehen ist, was uns Gott angekündigt hat."
Sie eilten nach Bethlehem, kamen zum Stall und fanden beide, Maria und Josef, dazu das Kind, das in der Krippe lag. Als sie es sahen, erzählten sie, was der Engel ihnen über das Kind gesagt hatte.
Und alle, die dabei waren, staunten über die Worte der Hirten. Maria aber bewahrte alles in ihrem Herzen und dachte darüber nach.
Dann kehrten die Hirten wieder zurück zu ihren Herden. Sie lobten und priesen Gott für alles, was sie gehört und gesehen hatten. Denn alles war genau so gewesen, wie es der Engel ihnen gesagt hatte.

Quellenverzeichnis

Illustrationen der Seiten 6/7, 34/35, 62/63, 90/91: Gabriele Dors-Mager

Alle übrigen Texte und Bilder stammen aus den folgenden Ravensburger Büchern:

Seiten 24/25 aus: Basteln mit der Natur. © 2002, S. 34–35

Seiten 118/119 aus: Die große Ravensburger Bibel. © 2002, S. 148–149

Seiten 10/11, 26/27, 38–39, 50/51, 66–67 aus: Die schönsten Kinderlieder. © 1995; Illustrationen: Marlis Scharff-Kniemeyer. S. 47, 52, 70, 74–75, 87, 90–91, 102

Seiten 100–103, 114–117 aus: Die schönsten Lieder zur Weihnachtszeit. © 1998; Illustrationen: Marlis Scharff-Kniemeyer. S. 14–15, 17–18, 26–27, 60–61

Seiten 94/95 aus: Kinderweihnacht. © 1991; Illustration: Julian Jusim. Bertolt Brecht, Die Vögel warten im Winter vor dem Fenster. Aus: Gesammelte Werke. © Suhrkamp Verlag Frankfurt am Main, 1967

Seiten 58–61 aus: Marliese Arold/ Regine Altegoer: Vom Träumen, Kuscheln und Fliegen. © 2002, S. 34–37 (Wer küsst den kleinen Igel?)

Seiten 30/31 aus: Yvetti Barbetti, Auf dem Markt. © 2000

Seiten 28/29 aus: Yvette Barbetti, Kleine Gartenrätsel. © 2001, S. 16–17

Seiten 46–49 aus: Klaus Bliesener, Feriensuchbilderbuch. © 1997, Rätsel Nr. 6, 3 und 4

Seiten 52/53 aus: Wolfgang de Haën, Wie kleine Tiere groß werden. © 1998

Seiten 54–57 aus: Patricia Mennen/ Milada Krautmann, Bei der Feuerwehr. © 2000, S. 10/11, 16/17

Seiten 96–99 aus: Philippe Fix/ Sigrid Heuck, Weihnachtszeit – schönste Zeit. © 1996, S. 4–7

Seiten 16–19 aus: Dagmar Geisler, Ene mene mu, mein Freund bist du! © 2002 (Du bist nicht mehr meine Freundin!)

Seiten 108–113 aus: Christine Georg/ Rosemarie Künzler-Behncke, Der kleine Biber feiert Weihnachten. © 1999

Seiten 20–23, 40–43, 76–79, 104–107 aus: Sabine Lohf, Das Ravensburger Spiel & Bastelbuch. © 2001, S. 18–21, 49, 58, 72–73, 91–94, 118–119, 124–125

Seiten 44/45, 84/85 aus: Manfred Mai/ Dagmar Geisler, Vorlesegeschichten vom Freuen, Streiten und Liebhaben. © 2001 (Nicht verschlafen; Mitten in der Nacht)

Seiten 32/33 aus: Manfred Mai/ Clara Suetens, Mein erstes Mutmach-Bilderbuch. © 1998 (Nur Mut, kleiner Lukas!)

Seiten 72–75 aus: Patricia Mennen/ Hans G. Schellenberger, Alles über Dinosaurier. © 2000 (Wer waren die Dinosaurier? Wann und wo lebten die Dinosaurier? Wie gefährlich waren die Fleischfresser? Wie groß waren die größten Dinosaurier?)

Seiten 80–83 aus: Monika Neubacher-Fesser, Leo Rätsellöwe. © 1996, S. 1, 6, 13, 15

Seiten 68–71 aus: Hermien Stellmacher, Dido, kleiner Drache. © 2002, S. 28–31

Seiten 86–89 aus: Jutta Timm, Leuchte auf, mein Licht. Martins- und Laternenlieder. © 1997 (Ich geh mit meiner Laterne; St. Martin)

Seiten 12–15 aus: Claudia Toll/Heinz-Helge Schulze, Wir entdecken Tierkinder. © 1998 (Welche Tiere siehst du hier? Wer schlüpft aus dem Ei? Wer wächst im Bauch der Mutter?)

Seiten 8/9, 36/37, 64/65, 92/93 aus: Ulisses Wensell/Winfried Wolf, Warum die Eisbären schwarze Nasen haben und andere Geschichten. © 1998 (Warum die Eisbären schwarze Nasen haben; Das Lied der Raben; Seifenblasen; Sechs lange Ohren im Gras)

Bibliografische Information Der Deutschen Bibliothek

Die Deutsche Bibliothek verzeichnet diese Publikation in der Deutschen Nationalbibliografie; detaillierte bibliografische Daten sind im Internet über http://dnb.ddb.de abrufbar.

Die Schreibweise entspricht den Regeln der neuen Rechtschreibung.

3 2 1 05 04 03

© Ravensburger Buchverlag Otto Maier GmbH
Alle Rechte, auch die des auszugsweisen Nachdrucks, der fotomechanischen Wiedergabe und der Übersetzung, vorbehalten

Redaktion: Sabine Zürn
Umschlaggestaltung: Dirk Lieb unter Verwendung einer Illustration von Gabriele Dors-Mager

Gestaltung der Kapitelaufmacher: Gabriele Dors-Mager

ISBN 3-473-37837-2

Printed in Germany

www.ravensburger.de